Ladislaus Boros

WAHRHAFTIGKEIT UND LIEBE

Zwei Meditationen

Kyrios-Verlag GmbH Meitingen · Freising

MEITINGER KLEINSCHRIFTEN 1

Der Erstdruck dieser Kleinschrift erschien in ORIENTIERUNG, Zürich: „Betrachtung über die Liebe" Heft 23/24 1965; „Betrachtung über die Wahrhaftigkeit" Heft 2 1966.

ISBN 3 7838 0005 6

7. Auflage 1972

© KYRIOS-VERLAG GmbH Meitingen · Freising

Einbandgestaltung Hans Deininger
Imprimatur Augsburg, 17. 8. 1966
Generalvikar M. Achter

Gesamtherstellung: Schnaufer-Druck · Tauberbischofsheim

INHALT

Betrachtung
über die Wahrhaftigkeit

Wenn wir unser eigenes Leben anschauen, finden wir darin Augenblicke der Ehrlichkeit, Klarheit und Offenherzigkeit. Das ist aber nicht unser existentieller Zustand. Unser Alltag ist weitgehend eine Lüge. Wir „lügen uns" gleichsam durch das Leben. Wir alle tragen Masken, weichen dem Eigentlichen immer wieder aus. Der Begriff „Lüge" steht hier nicht so sehr für eine bewußte Verfälschung der Tatsachen, sondern für ein zentral-existentielles Ereignis: für die Unwahrheit unseres Lebens. Versuchen wir zunächst, diese Uneigentlichkeit unserer Existenz, diese Verdunkelung unseres Daseins zu begreifen, damit dann, im späteren Verlauf unserer Betrachtung, die Größe und Eigentlichkeit des „wahren Menschen" um so sichtbarer werde.

Lüge der Existenz

Was bedeutet eigentlich „Lebenslüge"? Gehen wir ganz vorsichtig voran. Lassen wir uns vorerst auf keine Definition ein. Schauen wir zunächst einmal nur in unsere eigene Existenz. Versuchen wir, den Zustand zu beschreiben, in dem wir alle leben.

Unser Dasein ist doch weitgehend ein „A u s w e i c h e n". Wir wollen uns den Dingen, den Ereignissen und den Menschen nicht „stellen". Wenn man „ausweicht", lügt man mit dem Munde noch nicht. Dennoch vollzieht sich bereits hier die Lüge des Lebens. Man hat vielleicht noch keine „Hintergedanken"; man stellt nichts in Abrede; man weicht einfach aus. Man geht vorüber, wenn ein Mensch in Not (in leiblicher oder seelischer) vor einem liegt. Man beugt sich nicht nieder. Vielleicht hat man gute Gründe dafür. Um diese „guten Gründe" noch zu „unterbauen", errichtet man dann oft Wahrheitssysteme. Der in seiner existentiellen Vollkraft lügende Lügner bekennt vielleicht die Wahrheit mit größter Lautstärke und Feierlichkeit. So kommt er möglicherweise zu „Höchstleistungen". Das ändert aber nichts an der grundlegenden Tatsache: Man geht vorbei an der Not der andern; vielleicht sogar mit lächelndem Gesicht. Eine absolute Forderung tritt an uns heran, wir „weichen aus", wir „übersetzen" sie, wir deuten sie um.

Wir möchten das an einem Beispiel verdeutlichen: Drei Freunde sitzen vor Job, nachdem er und sie sieben Tage entsetzt geschwiegen haben. Dann beginnen die drei Freunde zu reden. Sie spenden dem leidenden Mann Trost, Mahnung, vor allem aber Belehrung. Plötzlich müssen sie von Gott hören, daß er nicht gegen den jammernden und klagenden Job, sondern gegen die Belehrer, Ermahner und Tröster in Zorn sei. Da reden ernste, fromme und gutmeinende Leute. Sie sprechen „goldene" Worte. Diese sind aber dennoch falsch, weil sie dem so nahe an Gotteslästerung stehenden Job menschlich nicht helfen. Die drei gehen nicht auf die Not des Nächsten ein, sondern machen Unterricht, Seelsorge, Liturgie und Predigt. Und gerade das hat Gott erzürnt. Besser hätten sie geschwiegen. Job antwortet ihnen ganz richtig: „Auch ich habe Verstand, so gut wie ihr." Dann wieder: „Solches habe ich oft gehört. Auch ich könnte so reden wie ihr. Wäret ihr nur an meiner Stelle, so würde ich für euch Worte finden und den Kopf über euch schütteln. Ich würde euch mit dem Munde trösten und nicht zurückhalten mit dem Trost der Lippen." Und nochmals: „Daß ihr nur stille schwieget! Als Weisheit würde es euch angerechnet." Die drei haben die Wahrheit geredet, sind aber dem Nächsten in seiner Not nicht „begegnet", und so haben sie mit ihrer Existenz gelogen. Sie haben „zeitlose Wahrheiten" vorgepredigt, um Job zu helfen. Trotzdem haben sie im Grunde nichts Hilfreiches gesagt. Sie brachten den Menschen, der da vor ihnen litt, nicht zur Wahrheit, zu Gott. Sie redeten Wahrheiten, die in Unwahrheit umschlugen, sie waren nicht „Zeugen der Wahrheit". Diese drei Männer wollten im Grunde nur ihr eigenes Leben „behaupten", sich selbst freisprechen. Sie gaben der Not des Nächsten in ihrem Sein keinen Raum. So haben sie das Sein verleugnet, obwohl sie die Wahrheit sagten.

Wir haben hier an einem extremen Beispiel aufgezeigt, was „Lebenslüge" heißt. Wenn man versucht, in diese existentielle Unwahrhaftigkeit noch tiefer einzudringen, so entdeckt man eine weitere (zweite) Eigenschaft (man sollte eigentlich sagen „Uneigenschaft").

Sie heißt „ D a h i n l e b e n ". Damit möchten wir die tiefste Niedrigkeit der existentiellen Unwahrhaftigkeit charakterisieren, ihr versuchsweise einen Namen geben. Das Leben des Menschen ist doch schließlich, wie immer man es auch deutet, ein „Streben ins Unendliche". Ein solches Dasein ist schwer zu ertragen. Der Mensch wehrt sich gegen das ihn Einfordernde. In dieser Starrheit schrumpft sein Leben ein. Man entwickelt Gewohnheiten, Lebensregeln. So wird die Existenz entfrischt, entgeistet. Das Tiefste des Geistes ist wesenhaft „gewohnheitsüberlegen". So wird das Dasein e i n t ö n i g. Man versucht zwar, diese Eintönigkeit durch Unterhaltung und Abenteuer zu vertreiben. Sie ballt sich aber langsam zusammen zu einer „ L e b e n s l a n g e w e i l e", zu einer Öde und Hohlheit der gesamten Existenz. Der Mensch wird verschlossen: unempfindlich für das Unerwartete und Gnadenhafte. Der Drang nach dem Großen schwindet langsam, ebenso die

Erwartung dessen, was den Menschen echt macht: die Hoffnung auf Schönheit, Güte, Begegnung, Freundschaft und Liebe. Die Unruhe des Herzens versiegt. Es entsteht eine stumpfe Sehnsuchtslosigkeit. Man fängt an, die andern nicht mehr zu begreifen. Durch jede Begegnung wird man in seiner Gewohnheitsmäßigkeit gestört, ja aus dem Geleise gebracht. Es soll nichts geschehen, was den festgefügten Rahmen des Dahinlebens stören oder gar erschüttern könnte. Es ist durchaus möglich, daß ein solcher Mensch „sich im Leben bewährt" und „tüchtig" ist. Weiß er aber davon, daß der Mensch in seinem Innersten etwas Abgründiges hat, daß das Endliche ein Unendliches in sich trägt? Ein solches Dasein kann sich nicht wirklich „preisgeben", weil es durch die Preisgabe des eigenen Selbst sich restlos verlieren würde. Es erfährt nie die Seligkeit der Selbsthingabe und den gnadenhaften (gnadebringenden) Verlust des so ängstlich geschützten und doch nicht sicheren, weil im Grunde gar nicht sicherbaren Eigenseins. So entsteht in der „dahinlebenden" Existenz ein tiefer – oft uneingestandener – Widerwille gegen die Liebe, aber auch gegen all das, was Opfermut verlangt. Die Gewohnheiten werden übermächtig; das Leben versucht krampfhaft, seine eigene Bahn zu halten. Die Existenz wird „fest". Diese vermeintliche Festigkeit bedeutet aber nur Erstarrung, Verkrustung; nicht aber die wohltuende Klarheit und kristallene Härte echter Lebendigkeit. Das gesamte Dasein wird „kleinlich".

Die „dahinlebende Existenz" wird nach und nach träg, gedankenlos und überhaupt „leblos". Sie erfährt bei jeder Begegnung mit echtem Menschsein, wie sehr sie im Grunde „geistig machtlos" ist. Diese Machtlosigkeit macht solche Menschen innerlich unsicher, obwohl sie oft bei schweren, die Seele tief packenden Erschütterungen ruhigen Mut bewahren können. Trotzdem sind sie den eigentlichen Problemen des Lebens nicht gewachsen. Diese „G r u n d u n s i c h e r h e i t" verdichtet sich langsam zur A n g s t, zu einer existentiellen Feigheit. Der Mensch wird „unmutig" im eigentlichsten Sinne: Er hat den Mut zum echten Leben verloren. Indem er an sich selbst festhielt, hat er sich selbst verloren. Daher kommt in ein solches Leben – selbst wenn es sich äußerlich froh und „gelockert" gibt – ein tiefes „Übelgelauntsein", ein verdecktes „Schlechtaufgelegtsein". Das Seltsame, das Zu-Bedenkende der menschlichen Existenz ist hier, daß sie erst wirklich fest wird, wenn und indem sie „labil" bleibt: formbar, spürend, dem Überraschenden gegenüber offen. Versucht der Mensch bloß „dahinzuleben", so strebt er nach etwas, wozu kein Mensch wirklich fähig ist: restlos „oberflächlich" zu sein. Unzufriedenheit, Harren auf das Noch-Ausstehende: das ist das große Vorrecht des Menschenlebens. Wer darauf verzichtet, gibt das Leben selbst auf.

Wir haben hier versucht, die existentielle Unwahrhaftigkeit des menschlichen Daseins skizzenhaft zu entwerfen. Wir sprachen nicht über „Lüge" im moralischen Sinn, sondern über die „Verlogenheit" des Lebens. Diese entsteht wesenhaft im „Ausweichen" und im „Dahinleben". Nun möchten wir aus der „Hohlgestalt" dessen, was wir alle weitgehend sind (aus dem Geheimnis der leeren Hände), das erahnen, was wir eigentlich sein sollten: wahrhaftige Menschen.

Wahrhaftigkeit zum Bruder

Nun wird unsere Sprache schwerer, ja schwerfälliger. Als wir vorher über die existentielle Unwahrhaftigkeit gesprochen haben, redeten wir aus eigener Erfahrung. Jetzt müssen wir von etwas sprechen, das wir nur erahnen, wonach wir uns sehnen können. Die Sache selbst, die wir hier besprechen wollen, ist dermaßen einfach, daß die menschliche Sprache sie nur kompliziert ausdrücken kann. Es geht hier um das „Lichthafte" unserer Existenz.

Wie sieht jene Existenz aus, die die Wahrheit nicht nur sagt, sondern sie auch tut; eine Existenz also, in der die Wahrheit „aufleuchtet", zur erlebten Unmittelbarkeit wird? Gehen wir wiederum ganz behutsam voran und entwerfen wir zunächst nur phänomenologisch das Bild einer die Wahrheit tuenden Existenz. Wie sieht ein „leuchtendes Dasein" aus? Unsere Beschreibung muß notwendigerweise „subjektiv" sein: Wir sollen zuerst nur das aussprechen, was wir in Begegnungen mit solchen Menschen erfahren oder nur erahnt haben. Wir dürfen also kein System entwerfen, sondern – vielleicht auf den ersten Blick nicht unbedingt zusammengehörende – Eigenschaften lose aneinanderreihen. So entsteht ein „Bild" und nicht eine „Definition" der „Wahrhaftigkeit zum Bruder".

In Menschen, die in der Ehrlichkeit des Seins sich dem Bruder stellen, l e u c h t e t d a s S e i n a u f , w i r d e s s c h ö n . Unsere erste Regung ist Sympathie und vielleicht auch Liebe. Solchen Menschen gibt man gern Kosenamen. Dieses „seelische Kosen" deutet etwas Tieferes an: Es ist ein grundlegend geistiges Ereignis. Der wahrhaft ehrliche Mensch trägt in sich die Fähigkeit, die geradezu seine Natur geworden ist, in uns Liebe und Freundschaft zu erwecken. Weshalb? Das ist schwer zu sagen und noch schwieriger zu beschreiben. Vielleicht deshalb, weil sie ganz a u f n a h m e f ä h i g sind. Sie nehmen unser Sein absichtslos in sich auf; sie wollen von uns nichts, versuchen nicht, bei uns etwas zu „erreichen", wollen niemanden an sich binden. Bei solchen Menschen wird es der menschlichen Seele einfach wohl, obwohl sie meistens sehr still, ja schweigsam sind, sich gern absondern und stundenlang für sich sinnen. Eine klare Freudigkeit herrscht in ihnen, die mit einer inneren „Größe" verbunden ist.

Diese Größe macht, daß sie irgendwie f u r c h t - l o s sind: es gehört ja die Eigenschaft der „Unerschrockenheit" dazu, wenn ein Mensch seine Seele vorbehaltlos den anderen Menschen öffnet. Der Wesenskern eines „existentiell wahrhaften" Daseins ist dem Einfluß des Schrecklichen in der Welt und in den Menschen entzogen. Dies ist wohl ein Zeichen besonderer Auserwählung. Diese zeigt sich vor allem darin, daß solche Menschen B e - l e i d i g u n g e n   n i c h t   n a c h t r a g e n , ja noch mehr, daß sie Beleidigungen gar nicht zu verzeihen brauchen. Sie haben nie den Anschein, daß sie absichtlich dem Beleidiger verzeihen wollen; es ist eine stille „Harmlosigkeit" in ihnen: Sie haben die Beleidigung von vornherein nicht für eine Beleidigung gehalten, ja nicht einmal als solche wahrgenommen. In solchen Menschen ist R a u m   f ü r   d a s   m e n s c h l i c h e   D u , ein Raum, worin der andere Mensch zu freiem Dasein gelangen kann. Oft lassen solche Existenzen der restlosen Aufrichtigkeit keine sichtbare „Spur" in der Welt zurück. Sie verschwinden nicht selten mit ihrer Lichthaftigkeit aus der Welt, als hätte es sie nie gegeben. Ganz einfach und still gehen sie hinein in das Größere. Sie wirken aber im Gewissen jener, denen sie im Leben begegnet sind, als geistige Macht weiter.

Durch ihre Wahrhaftigkeit r i c h t e n   s i e   u n s , gerade indem sie uns nicht verurteilen. Sie unterscheiden zwar ganz genau, was recht und was unrecht ist; sie stimmen nicht bei, wenn es nicht sein kann; sie richten aber nicht. Aber gerade darin vollzieht sich echtes Gericht, etwas, das in den Gerichtshöfen unserer Welt nicht oder nur selten geschehen kann. Sie richten uns dadurch, daß sie ganz unbetont an dem Eingesehenen, an der Wahrheit „festhalten", sich uns aber nicht aufdrängen.

Das abstoßende Alles-besser-Wissen-Wollen fehlt bei ihnen. Dieses Sich-selbst-nicht-Betonen könnte man auch als wesenhafte Keuschheit bezeichnen. Solche Menschen sind ja mit ihrem gesammelten Dasein der letzten Wirklichkeit, das heißt der Heiligkeit, verpflichtet. Sie leben oft in einer „heiligen Sorglosigkeit". Vielfach haben sie gar keine „innere" Beziehung zum Geld, geben manchmal alles weg und haben selber nichts mehr, wovon sie leben könnten. Ihre Existenz ist wesenhaft „unbekümmert". Sie verwirklichen die Mahnung Christi, oft ohne um Christus viel zu wissen: „Sorgt euch nicht um den kommenden Tag." Das sind Menschen, die ausschließlich aus der Sorge um die hohen Dinge ihre innere Kraft schöpfen. Es ist nicht jedermanns Sache, so zu leben; aber es muß auch solche Menschen unter uns geben, damit das Leben noch lebendig bleibt. Die Augen solcher Menschen strahlen. Sie dringen hinein in den andern, aber mit Wohlwollen und Güte, und gerade das erschüttert uns, das erweckt Gewissen, innere Unruhe. Der Wahrhafte verbindet mit der Haltung, daß er nicht urteilt, eine existentielle Einfachheit und Durchsichtigkeit.

Solche Menschen sind aufrichtig in dem Sinne, daß sie wenigstens gelegentlich den inneren, geistigen Drang spüren, daß sie die Wahrheit aussprechen „müssen", daß sie zum anderen hingehen müssen, um ihm zu sagen: „Du spielst der Welt und dir selbst etwas vor; hör auf damit." Es kommt über sie ganz plötzlich, wie eine Erleuchtung: „Ich muß diesem Menschen die Wahrheit sagen, sonst sagt sie ihm niemand." Dann aber strömt eine besondere Kraft aus solchen Menschen. Wenn sie nachher nachdenken, wissen sie selber nicht, wie sie es nur wagen konnten, die ganze Wahrheit auszusprechen. Es entsteht Furcht, sowohl im Sprechenden als auch im Angesprochenen: ein Schaudern vor dem Heiligen. Hier ist ein

Bote des Seins da, welcher rettet, aber durch Umkehr hindurch. Mit dieser Furcht ist aber zugleich Freude, ja sogar Jubel verbunden: das Sein erstrahlt in seiner reinen Helligkeit. Jemand hat das Wagnis auf sich genommen, die Wahrheit auszusprechen; etwas Festes und Unerschütterliches ist entstanden, etwas, das leuchtet und brennt und doch wiederum Liebe und Selbstlosigkeit ist.

Wir müssen aber bedenken, wie verletzlich ein solches Wesen ist. Lebendiges Gewissen der andern zu sein, das ist doch etwas Unaushaltbares. Das erträgt kein Mensch auf die Dauer. Deshalb ist gerade der Wahrhafte bedroht. Er steht in der Welt als Gesandter der Wahrheit. Die Sendung ist aber zugleich Erprobung. All das, was wir bis jetzt zu beschreiben suchten, diese Furchtlosigkeit, diese Keuschheit, diese Unbekümmertheit, enthält in sich die Möglichkeit des Sturzes. Fallen kann ja nur, wer auf einer Höhe steht. Entmutigung, Unsicherheit und Versuchung schleichen heran. Man fragt sich: Habe ich wirklich die „wohltuende Wahrheit" gesagt; war ich nicht zu hart; war ich nicht zu selbstgerecht? Und höchst wahrscheinlich war man es. Das Seltsame an unserer Welt ist, daß man, gerade indem man das Richtige tut, sich mit Schuld belädt. Dies hält nur ein Mensch aus, der in einer demütigen Bemühung versucht, sich selbst zu richten, wahrhaftig zu sich selbst zu sein.

Wahrhaftigkeit zum eigenen Sein

Der Apostel Paulus, der gelegentlich erstaunlich tief in das Menschenherz hineinzuschauen vermochte, ermahnte seine Freunde in Ephesus, daß sie „wahrhaftig sein sollen in Liebe". Der griechische Ausdruck ist fast unübersetzbar: „aleheúein en egápe" (Eph 4,15), was ungefähr heißt: „Sich ‚auswahrheiten' (die Wahrheit sagen, sie tun, sie sein) in Liebe." Man kommt nur zu oft in Gefahr, Dinge in Augenblicken zu sagen, wo sie fehl am Platze sind und wir durch die Wahrheit andere verletzen oder ihnen sogar schaden. So muß die Wahrhaftigkeit zum Bruder von Takt und Güte getragen sein. Man darf die Wahrhaftigkeit nicht wie einen Stock benützen. In dieser ständigen Selbstprüfung, die immer wieder, immer neu vorgenommen werden muß, entsteht innere Wahrheit, der wir keinen anderen Namen geben können als D e m u t. Gerade indem und insofern der Mensch versucht, für die anderen „Wahrheit zu sein", erkennt er, daß er den Forderungen, die er ausspricht, selber nicht gewachsen ist. Eine stille Bescheidenheit entsteht in der menschlichen Existenz. Man fängt an, geduldig zu sein mit sich selbst und mit den anderen und die Frucht der Wahrheit still reifen zu lassen. Darin wird die Existenz wirklich stark: Nur starke Menschen können lebendige Geduld üben, das heißt, die Spannung aushalten, die in ihnen ist zwischen dem, was sie haben möchten und dem, was sie tatsächlich haben; zwischen dem, was sie leisten sollen und dem, was sie tatsächlich zu leisten vermögen; zwischen dem, was sie zu sein wünschen und dem, was sie wirklich sind. Aus dieser inneren Spannung erwächst Geduld, die nicht feiges Nachgeben ist, sondern Nachsicht und Güte. Ist eine solche Existenz nicht eine fast unzumutbare Belastung? Die Wahrheit sagen müssen und sie nicht sein! Und gerade hier bricht die tiefste Erfahrung einer Existenz auf, die versucht, „Wahrheit für die anderen" zu sein. Diese Erfahrung heißt: M a n   m u ß   W a h r h e i t   s e i n ,   a b e r   m a n   k a n n   e s   n i c h t ! Beide Tatsachen bleiben da, unverrückbar! Was ereignet sich in einem Menschenleben, das erlebt, daß es Wahrheit ist, obwohl es sie nicht ist? Es erfährt Gott. Etwas Erschütterndes geschieht im „Sich-

Wahrheitenden": Das „Restlos-Andere" bricht in die Welt herein, das, was aus Menschenkraft nicht erreicht und geschaffen werden kann. Aus leeren Händen muß man etwas schenken. Das Unfaßbare dabei ist, daß man es wirklich kann. Das ist noch kein Gottesbeweis. Aber wer dies einmal erfahren hat, kann nicht anders, als an Gott glauben. In seiner eigenen Ohnmacht, die unverdient in Kraft umschlägt, erkennt er mit unmittelbarer Gewißheit Gott selbst. So entsteht:

Die Wahrhaftigkeit von Gott her

Wer diese Spannung seiner Existenz lange genug aushält, in dem leuchtet das absolute Sein in der Welt auf: das glühende Dastehen des Geschöpfes im Licht des Unendlichen. Vielleicht könnten wir diese Verwandlung des Menschseins in die Durchsichtigkeit des Absoluten am besten in den Berichten über den auferstandenen Christus erahnen. Eine radikale Verwandlung des Seins wird da angedeutet. Die Unbegrenztheit des Raumes, der Zeit, der Kraft und des Lichtes tut sich auf. Dieser Mensch (endlich einer) ist zur Herrlichkeit, zur Intensität der Wirklichkeit, zur leuchtenden Flamme der Eigentlichkeit geworden. Wer eine Ahnung davon bekommen will, braucht nur die Einführungsvision der „Geheimen Offenbarung" oder den Bericht über die Verklärung Christi auf dem Berge Tabor nachzulesen. Vielleicht müßte man alle Berichte über die Erscheinungen des auferstandenen Christus durchmeditieren, um wenigstens andeutungsweise zu begreifen, was das heißt: ein Mensch ist restlos durchsichtig geworden auf das Absolute hin.

Versuchen wir statt dessen zu entwerfen, wie die Apostel Christus erlebt haben (Christus, der d i e Wahrheit ist) und wie sie seine Zeugen geworden sind, das heißt, wie sie angefangen haben, die Wahrheit Christi in die Welt auszustrahlen.

In der Begegnung mit dem menschgewordenen
Gott wurden sie zuerst zu Menschen – wie der
Epheserbrief sagt – mit „erleuchteten Herzens-
augen" (Eph 1,18). In einem lebendigen, bis in die
Alltäglichkeit hineinreichenden Umgang mit
Christus erlebten sie, wie es ist, wenn der Glanz
Gottes in einem Menschenantlitz aufleuchtet
(2 Kor 4,6). Zuerst versetzte dieses Erlebnis sie in
einen Zustand der „V e r w u n d e r u n g ".

Die Evangelien berichten über diesen seelischen
Zustand (den ja alle Menschen erfahren, die von
Gott die Wahrheit empfangen) in Form von ver-
wunderlichen Geschichten, von „Wundern". Hier
können wir nicht eine Theologie des Wunders entwerfen, nur nebenbei darauf hinweisen, daß „das"
Wunder schlechthin eigentlich Christus selber war.
Etwas vollkommen Neues war plötzlich unter uns:
„Jesus, der Retter ist da!" Eigentlich und entschei-
dend ist Christus das Wunder, das Wunder aller
Wunder, Christus, der aus den Aposteln ein für
allemal verwunderte Menschen machte. Die Wunder waren bloß äußere Alarmsignale dieser „Verwunderung", die jeder Mensch heute noch erlebt,
wenn Christus – unter welcher Form auch immer –
ihm nahetritt.

Diese Verwunderung steigerte sich in den Aposteln
zur „B e t r o f f e n h e i t ". Sie haben etwas ge-
wagt, als sie sich mit diesem „leuchtenden Menschen" eingelassen haben, der ihr ängstliches Wesen mitten ins Herz traf. Durch die ganze Schrift
des Neuen Testamentes hindurch kann man den
Spuren dieser Betroffenheit nachfolgen. Mit diesem Menschen kann man nicht „plänkeln". Er
sucht einen auf; sein Geheimnis überfällt einen. Er
kommt einem ganz nahe und fragt: „Bruder, wie
steht es mit deinem Herzen?" Ähnlich rief Gott
einmal selber: „Adam, wo bist du?" Es ist nicht
mehr eine „freischwebende", unverbindliche Aussage über die Wahrheit, die vor diesen erschrocke-

nen Menschen steht, sondern eine Person. Dies ist die grundsätzliche Betroffenheit: Gott erscheint in einem Menschen, der mich aufsucht, der mich zur inneren Wahrheit verpflichtet, der mich auf die Probe stellt.

Dadurch entsteht „ P r ü f u n g ". Unaufhörlich muß sich der Mensch selbst prüfen, wie er zu dieser inkarnierten, menschgewordenen Wahrheit steht. Und Christus läßt die Apostel durch diese Erfahrung hindurchgehen. Mit seinem eigenen Dasein bringt er diese Menschen in eine große Gefährdung. Diese ist seltsam gewoben aus einem einsamen Ringen, aus innerem Zweifel, aus dem Wagnis des Glaubens, aus Anfechtung und aus dem Dennoch der Hoffnung. Paulus fordert von allen Christen die gleiche schmerzhafte Selbstprüfung: „Prüft euch selbst, ob ihr im Glauben seid! Stellt euch selbst auf die Probe! Oder erkennt ihr nicht an euch selber, daß Jesus Christus in euch ist? Wenn nicht, dann habt ihr die Probe nicht bestanden" (2 Kor 13,5). In der durchgestandenen Prüfung – den ganzen Vorgang könnten wir wiederum bis in die Einzelheiten hinein durch das ganze Evangelium verfolgen – entsteht jene „ V e r p f l i c h t u n g ", die diese Menschen zu Zeugen der Wahrheit macht: ein Gefälle des Denkens, des Empfindens, des Gefühls und des gesamten Lebens; man kann nicht mehr anders, als der in Christus aufleuchtenden absoluten Wahrheit nachgehen. Nichts zählt mehr: keine Bindung, kein Denksystem, keine Machtstellung; nur Christus ist da. Dadurch wird der Mensch zum Kind des Lichtes: „Einst wart ihr Finsternis, jetzt aber Licht im Herrn; wandelt als Kinder des Lichts!" (Eph 5,8). Es entsteht das „brennende Herz"; die Emmausjünger erfanden diese Bezeichnung als Urwort ihres österlichen Erlebnisses: „Brannte nicht unser Herz in uns, als er unterwegs mit uns redete?" (Lk 24,31).

Und gerade dieses „brennende Herz" ist das
Z e u g n i s   v o n   C h r i s t u s in der Welt. Wie
groß das damit Gemeinte ist, wird in elementar-
ster Weise in der Gestalt des ersten Martyrers
Stephanus sichtbar: Dieser junge, geisterfüllte
Mann steht stellvertretend für die Wahrheit; er
trägt den Geist, der „von oben stammt", in sich,
ist aber unentrinnbar ausgeliefert an die Macht,
die „von unten kommt"; plötzlich erschaut der
Martyrer die Wirklichkeit: „Ich sehe den Himmel
offen und den Menschensohn zur Rechten Gottes
stehend", und da ereignet sich Zeugnis, eine Offenbarung im Gesicht: „Alle, die im Hohen Rate
saßen, hefteten den Blick auf ihn und sahen sein
Antlitz wie das Antlitz eines Engels" (Apg 6,15).
„Engelhaftes Antlitz, das besagt: Antlitz, in welchem die Kräfte der zukünftigen Welt durchschei-
nen; Antlitz, das inmitten der zeitlichen Bedrängnis schon ganz überformt ist von der ewigen
Seinsweise... Das engelhafte Leuchten seines
Angesichts ist der Sieg des Erstmartyrers und das
Symbol für die weltüberlegene Kraft des Christen
überhaupt. Ein leuchtender Sieg. Aber leuchtend
im Abgrund des Todes" (Eugen Biser, Das Licht
des Lammes).

Diese „Kraft von oben" schenkt den Aposteln –
und dies ist der letzte Punkt unserer Beschreibung,
wie die Apostel die Wahrheit Christi erlebt und
durchlitten haben – eine heilige „ U n e r s c h r o k k-
k e n h e i t ". Sie können und dürfen die Wahrheit
allen Menschen sagen, weil sie nicht i h r e Wahrheit ist, weil sie nicht aus eigenem Antrieb han-
deln. Sie haben deshalb (aber nur deshalb) das
Recht zur „freien Sprache", eine heilige Redefreiheit, Wortallmacht (parrhesia). Besonders Johannes hat – zutiefst erschüttert – erfahren und auch
ausgedrückt, daß man von jetzt an frei sprechen
kann, vor allem zu Gott. „Geliebte, wir haben
Redefreiheit (parrhesia) Gott gegenüber, und wir

erlangen alles von ihm, um was wir bitten" (1 Joh 3,21–22). Wiederum: „Wir haben freie Sprache (parrhesia) vor Gott: Er hört uns an ..., und wir wissen auch, daß er uns in allem, um was wir bitten, erhört, und darin erfahren wir bereits, daß wir das Erbetene schon erhalten haben" (1 Joh 5,14–15).

Die vielleicht bedeutendste Interpretation dieser Unerschrockenheit finden wir aber bei Paulus. Das freie Aussprechen der Wahrheit wird bei ihm zum Wesensauftrag des Christen: Es ist Ausstrahlung der Herrlichkeit des Absoluten in die Welt hinein. Der Christ wird zur Offenheit Gottes zur Welt hin. Im zweiten Korintherbrief gibt Paulus eine Auslegung der Unerschrockenheit des Christen in der Wahrheitsbezeugung: „Mit unverhülltem Antlitz spiegeln wir die Herrlichkeit des Herrn wider und werden so, weil es die Herrlichkeit des Herrn, des Geistes ist, in sein Ebenbild verwandelt zu immer größerer Herrlichkeit" (3,18). Ein unfaßbares Ereignis: Der Mensch, der zweifelnde, innerlich zerrissene, unruhige und in sich unsichere, wird von der Herrlichkeit umstrahlt und wird ein Christus für seine Mitmenschen, Ebenbild Christi. „Wir bieten durch offene Verkündigung der Wahrheit uns selbst vor Gottes Angesicht dem Gewissensurteil eines jeden Menschen dar" (4,2–3). Denn: „Nicht uns selbst verkünden wir ja, sondern Christus Jesus als den Herrn ..., auf dessen Antlitz die Herrlichkeit Gottes leuchtend wurde" (4,5–6). Dies aber immer im Bewußtsein: „Diesen Schatz tragen wir freilich in irdenen Gefäßen. Woraus sich ergibt: Auch der Überschwang unserer Kraft ist Gottes eigen und kommt nicht von uns. Allenthalben bedrängt, sind wir doch nicht erdrückt; ratlos, doch nicht mutlos; verfolgt, doch nicht verlassen; niedergeworfen, doch nicht verloren" (4,7–10). In einem bedrängten, ratlosen, verfolgten und niedergeworfenen Menschen bricht der Überschwang des Wahrheitsleuchtens durch. Dies äußert sich in einem schmerzhaften „Doch", im „Trotzdem" des Nicht-Erdrücktseins, des Nicht-mutlos-Werdens, des Sich-nicht-verlassen-Fühlens, des Sich-nicht-niederwerfen-Lassens.

So entsteht in leidvoller und oft unscheinbarer Weise Stand und Festigkeit in der Welt (von Gott her). Wir verstehen den geheimen Sinn des Ausspruchs Christi: „Mußte der Messias nicht all das leiden, um so in seine Herrlichkeit einzugehen?" (Lk 24,26). So zu leben, als Zeuge der von Gott ausströmenden Wahrheit, als Zeuge Christi, ist unverlierbare Freude, aber eine Freude, die aus der Bedrängnis geboren ist: „Seid nicht traurig. Ich werde euch wiedersehen. Dann wird euer Herz sich freuen, und niemand kann euch die Freude nehmen. An jenem Tage werdet ihr mich nach nichts mehr fragen müssen" (Joh 16,22–23).

Der Autor bedankt sich für die Anregungen, die er für diese Meditation empfangen hat, vor allem aus den Schriften von B. von Brandenstein (unter anderm: Leben und Tod, Bouvier-Verlag, Bonn, 1948; Vom Werdegang des Geistes in der Seele, Minerva-Verlag, Saarbrücken, 1954), R. Guardini (hauptsächlich: Tugenden. Meditationen über Gestalten sittlichen Lebens, Werkbund-Verlag, Würzburg, 1963) und K. Barth (Die Kirchliche Dogmatik, Evangelischer Verlag, Zollikon; wobei fast alle Bände angeführt werden müßten, in denen Barth über die Frage der Wahrheit spricht). Es wäre noch auf die schöne Schilderung der Gestalt Aljoscha Karamasoffs in R. Guardinis Buch „Religiöse Gestalten in Dostojewskijs Werk" (Hegner-Bücherei bei Kössel, München, 1947) hinzuweisen.

Betrachtung über die Liebe

Wir möchten in dieser Betrachtung über die grundlegendste christliche Haltung nachsinnen: über die Liebe. Das Wort ist in unserer Zeit – vielleicht war es zu allen Zeiten so – erschreckend „zweideutig" geworden. Man kann zwar über die Liebe große Worte machen. Was sie aber in ihrem eigentlichen Wesen ist, wird nur jener begreifen, der schon die Liebe erfahren hat. Wie sieht echte, wurzelhaft gewordene (radikale) Existenz aus? Das Christentum sagt: Ein solcher Mensch ist ein Liebender.

Vielleicht gelingt es uns, wenigstens einen kleinen Teil jener Sehnsucht nach Liebe in Worte zu fassen, die in uns allen lebendig ist. Wir möchten ein echtes, wirklichkeitsnahes Bild jener Wirklichkeit entwerfen, die Liebe heißt; die wie ein „S c h i c k - s a l" über uns kommt, die wir wie eine unverständliche und doch inwendig-selbstverständliche Macht in uns spüren. Sie steigt aus den Tiefen des Unbewußten empor. Sie ist wie eine innere Notwendigkeit, ja wie ein Zwang, der einen, wenn man ihn spürt, völlig in Gewalt nimmt. Wenn man liebt, kann man nicht anders als lieben. Die Liebe wirkt in uns wie eine seltsame Stoßkraft, fast wehtuend. Somit kann die Liebe auch zu einer verheerenden Katastrophe unserer Existenz werden. Dies heißt aber, daß der Mensch lernen muß, wie er lieben soll, wie er diese gesamtpersönliche Erregung, die aus seiner Seele geheimnisvoll aufsteigt, in seine Hand nehmen soll. Er darf nicht jede Liebesneigung ziellos und sinnlos wuchern lassen, sondern muß sie formen, bilden, muß ihr Erfüllung geben oder ihr diese Erfüllung verweigern. Somit ist echte und reife Liebe eine „T u g e n d", das heißt eine mühsam eingeübte Haltung der Welt gegenüber. Wenn man sie nicht wirklich „erlernt", kann aus der Liebe maßloses Leid emporsteigen. Es ist rätselhaft: Wir „müssen" lieben und zugleich diese Liebe unter Schmerzen und Widrigkeiten „erlernen". Das bloße „Gefühl" der Liebe kann den Menschen zu einer geradezu dämonischen Wildheit entflammen.

So tun wir gut daran, wenn wir in dieser Betrachtung mit großen Worten und hohen Ausdrücken sparsam umgehen. Die zarten Dinge muß man zart behandeln. Wir sollen diese höchste Wirklichkeit unseres Lebens in ihrer heiligen Würde aufnehmen, ihr die Tür unseres Denkens und unseres inneren Mitschwingens ganz leise öffnen. Es gibt in der abendländischen Geistesgeschichte keinen anderen Text (außer vielleicht der „Betrachtung zur Erlangung der Liebe" des heiligen Ignatius), der wesentlicher über die Liebe als „eingeübte Haltung" sprechen würde als das d r e i z e h n t e K a p i t e l   d e s   e r s t e n   K o r i n t h e r b r i e f e s   v o n   P a u l u s. Wir werden uns darauf beschränken, diesen Text meditativ unserer Existenz nahekommen zu lassen. Er ist der vielleicht dichteste und bedeutendste Ausdruck der christlichen Wesenshaltung in der Welt. Es heißt bei Paulus: „Wenn ich mit Zungen von Menschen, ja von Engeln rede und die Liebe nicht habe, so bin ich ein tönendes Erz und eine lärmende Schelle. Und wenn ich der prophetischen Rede mächtig bin und alle Geheimnisse weiß und habe ganze Erkenntnis und den ganzen Glauben, so daß ich Berge versetzen kann, habe aber die Liebe nicht, so bin ich ein Nichts. Und wenn ich meine ganze Habe für Armenspeisung verteile und wenn ich meinen Leib hingebe, damit ich verbrannt werde, habe aber die Liebe nicht, so nützt mir das gar nichts. Die Liebe ist langmütig und freundlich. Sie eifert nicht und prahlt nicht. So bläht sich nicht auf. Sie tut nichts

Unschickliches und sucht nicht den eigenen Vorteil. Sie läßt sich nicht erbittern, rechnet das Böse nicht nach, freut sich nicht über das Unrecht. Sie freut sich über die Wahrheit. Sie erträgt alles. Sie glaubt alles. Sie hofft alles. Sie überdauert alles. Die Liebe hört niemals auf. Prophetenreden: sie werden aufgehoben werden. Sprachengaben der Entrückung: sie werden aufhören. Erkenntnis: sie wird nicht mehr gelten. Denn Stückwerk ist unser Erkennen und Stückwerk unser Reden aus Eingebung. Wenn aber das Vollkommene kommt, wird das Stückwerk ein Ende haben. Als ich ein Kind war, redete ich wie ein Kind, dachte ich wie ein Kind, urteilte ich wie ein Kind. Als ich aber Mann geworden, habe ich das Kindische abgelegt. Jetzt sehen wir im Spiegel, rätselhaft, dann aber von Angesicht zu Angesicht. Jetzt erkenne ich im Stückwerk, dann aber werde ich erkennen, wie ich erkannt werde. Nun aber: Glaube, Hoffnung, Liebe, diese drei bleiben. Das Größte von ihnen ist aber die Liebe" (1 Kor 13,1–13).

Dieser erstaunliche Text, den wir jetzt auf seine a n t h r o p o l o g i s c h - p h i l o s o p h i s c h e A u s s a g e hin befragen wollen, ist eine seltsame Aneinanderreihung und Vermischung von Aussagen, Abgrenzungen, Gegenüberstellungen und Deutungsversuchen. Beim näheren Hinschauen wird sich aber ergeben, daß man über die Liebe gar nicht anders sprechen kann. Das Eigentümliche dabei ist, daß Paulus sich gar nicht bemüht, die Liebe selbst zu definieren. Er grenzt sie von anderen Tugenden und Begabungen ab: Er zählt ihre Eigenschaften auf, umkreist sie. Darin ist bereits eine bedeutende Aussage enthalten: Über die Liebe läßt sich nicht sprechen; man muß sie erfahren haben; man muß durch sie erschüttert werden. Die Liebe ist ein U r e r l e b n i s u n s e r e s L e b e n s. Das Ureigentliche ist aber immer unfaßbar; wir können und dürfen es nicht „bereden". Das Wesenhafte entzieht sich immerfort unserem denkerischen Bemühen und unserer Sprache. Es ist nur als E r f a h r u n g „gegeben". Diese Erfahrung heißt zunächst:

Die Liebe ist alles

„Wenn ich mit Zungen von Menschen, ja von Engeln rede und die Liebe nicht habe, so bin ich ein tönendes Erz und eine lärmende Schelle." Wir möchten hier nicht im einzelnen untersuchen, was Paulus damit der Gemeinde von Korinth genau sagen wollte, sondern eher das, was er selbst dabei erfahren hatte. Offenbar waren in Korinth „geistbegabte" Menschen, die bis zum Äußersten des Menschlich-Erlebbaren vorgestoßen sind und das Unaussprechliche, zwar stammelnd und stotternd, in die Sphäre des Sprechbaren heimholen konnten. Die historischen und psychologischen Einzelheiten dieser „Zungenrede" sind hier belanglos. Wichtig ist für uns die grundlegende Erfahrung: Magst du sprechen, so schön wie ein Mensch nur kann, magst du sogar reden wie ein Engel – hast du die Liebe nicht, so ist all das nur „Blech"; du hast das Eigentliche nicht geleistet und auch nicht erfahren; dein Reden hört sich gut an, es bewegt sogar die Herzen, es erschüttert. Was ist aber dahinter? Nichts! Eine Leere! Du sprichst Worte aus, die das Eigentliche nicht erfassen. Deine Sprache, dein Vortrag ist bewegend, erregend, erhellend sogar, einfach großartig. Aber du selbst stehst nicht dahinter. Und so wird deine Sprache bedeutungslos, „dünn"; sie macht einen traurig. Du suchst nur dich selbst, du willst Eindruck machen. Wenn du noch nie geliebt hast, wie wagst du über das Eigentliche zu sprechen? Deine Worte werden verhallen. Ein Selbstgenuß und eine großartige Selbstdarstellung. Beweise zuerst, daß du dem andern Schutz bieten kannst, daß du ihn über die

Interessen der eigenen Existenz stellst, daß du dem anderen alles ersparen willst, was einem unsere Welt an Sorgen, Qualen und Wunden zufügen kann. Nimm zuerst das andere Wesen in Schutz. Wenn es sein muß, auch gegen es selbst. Kämpfe für den andern, beschirme ihn, gib ihm Leben und inneres Wachstum. Liebe ist also nach Paulus zunächst ein dienendes Tun. Unser Reden ist aber immer hohl und nichtig. Wir müssen zuerst existentiell beweisen, daß unser Sprechen ehrlich ist. Es ist leicht, andere zu betören. Auch die gehaltvollsten Reden nützen nichts, wenn dahinter nicht die Liebe steht. Die Liebe teilt sich ganz still und schweigend mit. Durch einfaches Beistehen und durch Dabeibleiben in der Treue. Schöne Worte kann ein jeder machen. Das ist eine Frage der inneren Empfindsamkeit und der Stilistik. Die wahre „Sprache" der Liebe tönt aber ganz anders. Was in ihr eigentlich klingt, ist Selbsthingabe und nicht Emotion, auch nicht intelligente Erklärung.

„Und wenn ich der prophetischen Rede mächtig bin und alle Geheimnisse weiß und habe ganze Erkenntnis und den ganzen Glauben, so daß ich Berge versetzen kann, habe aber die Liebe nicht, so bin ich ein Nichts." Eine neue, noch eindrücklichere Abgrenzung. „ P r o p h e t " ist ein Mensch, der die Ereignisse unserer Welt von der Gnade Gottes her deuten kann. Ein Mensch „ w e i ß u m G e h e i m n i s s e ", wenn er staunend stehen bleiben kann vor dem Unerklärlichen und es mit der ganzen existentiellen Empfindsamkeit seines Daseins umfaßt mit einer stets wachsenden und in die v e r b o r g e n e Wahrheit „hineinruhenden" Eindringung. Ein Mensch „ g l a u b t ", wenn er sich – vielleicht innerlich noch zweifelnd – einer Wirklichkeit aussetzt, die sich nicht aus dem Stoff unserer Welt zusammenfügen läßt; der bis zum Grunde seiner Existenz vom andern, von einem Absoluten – den er nicht „erklären" kann – in

Anspruch genommen wird; der durch diese innere Kraft des Angesprochenseins und der Anspruchnahme gelegentlich sogar Dinge vollziehen kann, die andere und sogar das Weltgesetz „in Erstaunen bringen"; der „Berge versetzen" kann. In diesen drei Eigenschaften menschlicher Eigentlichkeit wird ein ergreifendes Bild menschlicher Existenz entworfen. Prophetisches, wissendes und gläubiges Dasein. Anthropologisch: eine das ganze Wesen des Menschen umgreifende Dynamik vom Eigentlichsten her und zum Eigentlichsten hin. Und selbst hier sagt Paulus: Nein. All das gilt in der Wirklichkeit nicht. Nicht Prophetie, nicht Wissen und nicht Glaube (obwohl sie bedeutend, schön, unentbehrlich sind) sind der letzte Grund, sondern die Liebe. Was mag diese Liebe wohl sein, der bei Paulus eine solche Vorrangstellung in der Welt der Existenz zuerkannt wird? Je intensiver Paulus die Abgrenzung gegenüber anderen „Geistesgaben" vollzieht, um so deutlicher wird: Wir sind nichts, wenn wir nicht lieben.

„Und wenn ich meine ganze Habe für Armenspeisung verteile und wenn ich meinen Leib hingebe, damit ich verbrannt werde, habe aber die Liebe nicht, so nützt mir das gar nichts." Karl Barth sagt: „Es gibt tatsächlich eine Liebe, die ohne Liebe, eine Hingabe, die keine Hingabe ist; einen Paroxysmus der Selbstliebe, der ganz und gar die Gestalt echter, bis zum Äußersten gehender Gottes- und Bruderliebe hat, in welchem es sich aber durchaus nicht um Gott und den Bruder handelt ... Die Liebe allein zählt – keine Liebestaten als solche, auch die größten nicht. Sie können auch ohne Liebe getan werden und sind dann bedeutungslos, mehr noch: Sie sind dann gegen Gott und gegen den Bruder getan." Wenn vorher die Liebe als Tun definiert wurde, dann wird hier die „Selbstlosigkeit" als Wesenselement der Liebe hinzugefügt. Man kann auch in der soge-

nannten „Liebe" sich selbst suchen. Man kann aber seine Liebe im scheinbar uneigennützigen Tun auch verlieren. Eine seltsame Eigenschaft der Liebe wird hier deutlich: das „Nicht-Wissen-um-sich-selbst", das „Nicht-auf-sich-selbst-Zurückschauen", die Absichtslosigkeit. Mag man alles hingeben, auch das eigene Leben; geschieht dies aber nicht aus einem reinen „Umsonst", so ist es eben ein Nichts. Hier sind wir an der äußersten Gemarkung des menschlich Aussprechbaren angelangt. Vielleicht besteht Liebe lediglich in dem, was der Psalmvers ausspricht: „Zu einem Lasttier bin ich geworden vor deinem Angesicht." Dieses „Nicht-Wissen-um-sich-selbst", diese Reinheit der Hingabe, dieses „Nichts-Wollen-vom-andern", dieses „Annehmen-des-fremdenSeins" wie es ist, bedeutet Liebe; ohne diese grundsätzliche Selbstlosigkeit sind wir ein Nichts, mögen wir noch so viele „Liebestaten" vollbringen. Wir lieben nicht, sondern suchen nur das eigene Selbst. Wer je geliebt hat, versteht dies: Selbst durch Güte kann man den andern ins Unrecht setzen; man kann durch Hingabe die andern geradezu „beleidigen". Solange die Liebe sich nicht vom eigenen Selbst loslöst, ist sie keine Liebe. Der Gedankengang dieses erstaunlichen Textes ist unerbittlich, aber auch wohltuend. Er enthüllt vor uns die echten Dimensionen des Menschseins. Seltsamerweise fährt nun Paulus in einer unerwarteten Richtung fort. Er beschreibt (einmal positiv, einmal negativ) die Eigenschaften dieser Wesenshaltung des Menschen, wovon er vorher angedeutet hatte, daß er über sie gar nicht sprechen könne.

Eigenschaften der Liebe

Die Beschreibung der Liebe ist bei Paulus recht bruchstückhaft. Man spürt: Dieser Mensch hat wesenhafte Liebe erfahren; gerade deshalb kann er aber über sie nicht sprechen. Der Gedankengang kommt nicht so sehr aus dem Gehirn; er kommt vielmehr aus dem Herzen. So hat er eine seltsame Logik, die nur das Herz verstehen kann. Die in sich schwingende Erfahrung entläßt Gedankenbrocken, intuitive Erkenntnisse, deren jede aber ins Wesentliche trifft.

„Die Liebe ist langmütig." Mit einer unscheinbaren, aber lebentragenden Eigenschaft hebt diese Beschreibung an: mit der L a n g m u t. Sie bedeutet im Grunde, daß ein Mensch bei einem andern lange ausharren kann: bis zum Tode; daß er diesen andern erträgt, aber nicht in gleichgültiger Nachlässigkeit, sondern in schöpferischer T r e u e. Es ist der Mut, den andern zu „ertragen", seine eigene Existenz „mittragen" zu helfen; der Mut, in die Zeit hineinzuleben und dabei je neu, je anders dem geliebten Wesen echte Hingabe zu erweisen; der Mut, den Faden der Liebe nicht durchzuschneiden, sondern (durch eine gelebte „Gegenwart") zu beweisen, der andere könne in allen Situationen des Lebens damit rechnen, daß wir „bei ihm bleiben". Ohne diesen Mut zur langen, in der Treue durchgehaltenen Hingabe kann das enge Zusammensein der Menschen zur Hölle werden. Die Selbsterziehung zur entsagungsbereiten Treue, das Nichtkapitulieren vor der Aufgabe des Ausharrens, die langsame Überwindung von Unstimmigkeiten, die Bändigung der Unstetigkeit des Triebes gehören somit zur Wesensbedingung echter Liebe und somit echten Menschseins. In dieser Sicht wäre Liebe: unbedingtes Da-sein für die andere Person für immer.

„Die Liebe ist freundlich; sie eifert nicht und prahlt nicht." Dieses Stille, Demütige und in allen Situationen des Lebens für das andere Sein Offene der Langmut soll von einer „F r e u n d l i c h k e i t" getragen werden, die in der Heiligen Schrift als „Milde" erscheint (das Wort in seinen verschiedenen Bedeutungen genommen): als ruhige Gelas-

senheit eines Mitseins, das von so viel Hetze, Nervosität und Unruhe bedroht ist; als stille Hinnahme der Fehler der anderen, des Wankelmutes des geliebten Wesens, seines Versagens, seiner inneren Unruhe, seines leiblichen und seelischen Gebrochenseins; als abgeklärte Schonung des anderen Seins in Rücksicht, in Höflichkeit, in mitfühlender Anteilnahme. Damit ist gegeben, daß eine solche Liebe nicht „ e i f e r t ": nicht die ihr gebührende Anerkennung sucht, andere Personen nicht bekämpft, keine Feinde hat; also nicht danach sucht, wo sie den andern ins Unrecht setzen kann und auch nicht „seelische Kataloge" über die Verfehlungen der Menschen führt; daß sie sich nicht in jene ungesunde und das Leben selbst aushöhlende Erbitterung über die anderen „hineinarbeitet", die einfach Selbstgerechtigkeit ist. Damit ist verbunden, daß eine solche freundliche und nicht eifernde Liebe nicht „ p r a h l t ". Sie drängt sich nicht in den Vordergrund, hört zu, stellt das eigene Selbst nicht in das Schaufenster der Bewunderung oder der Bemitleidung. Wir sehen nun, wie einfach, hell und klar jene Liebe ist, von der Paulus spricht; aber auch, wie viel tägliche, stündliche Anstrengung und Selbstüberwindung sie verlangt. Es sind kleine, oft unbeachtete, ja selbstverständliche Dinge, aus denen die tiefste Grundhaltung zum Sein erwächst. Aber die selbstverständlichen Dinge sind, wenn man sie ehrlich im Alltag zu verwirklichen sucht, gar nicht so „selbstverständlich".

„Die Liebe bläht sich nicht auf; sie tut nichts Unschickliches und sucht nicht den eigenen Vorteil." Paulus versucht es nun von einer anderen Seite her. Er möchte die Gestalt der Liebe im Hohlspiegel der Verneinungen erahnen lassen. Es ist seltsam, wie Paulus diese Verneinungen aneinanderreiht. Zuerst sagt er, daß die Liebe „ s i c h n i c h t a u f - b l ä h t ". Damit meint er offenbar eine wichtige

Eigenschaft der Liebe, die zwar unmittelbar einsichtig ist (schon vom bildhaften Ausdruck her), sich aber nur sehr schwer in Worte fassen läßt. Gemeint ist wohl damit ein Mensch, der sich nicht größer macht, als er in Wirklichkeit ist; der nichts Hohles und Leeres in sich aufnimmt; der sein eigenes Selbst, seine Anliegen, sein Streben, seine Bedeutung nicht aufwertet. Wirkliche Liebe erfüllt nicht mit ihrem eigenen Sein den Raum des Daseins, zieht sich eher zurück, läßt dem Lebendigen offenen Raum zur freien Bewegung, in dem es gedeihen kann. Sie füllt sich nicht mit Bedeutungslosem auf, sondern läßt das Dasein des andern in sich hereinströmen, seine Lebendigkeit, sein Empfinden, seine Freude, seine Gedanken, seine individuelle Existenz. Sie füllt sich auf vom andern her. Nur wer das Geschenk des andern Seins in sich aufnehmen kann, liebt wirklich. „Aufgebläht" ist das beständig betonte Selbst; es drängt die andern aus dem Seinsraum hinaus. Dagegen bedeutet Liebe Zurückhaltung, innere Loslösung, Sich-selbst-nicht-Betonen. Die Liebe „macht sich klein"; sie sieht von sich ab, gönnt den anderen, was sie vielleicht selbst entbehrt; vielleicht freut sie sich sogar, daß der andere größer ist. Das ist dann unverfälschte Liebe.

Dieses Unverfälschte der Liebe offenbart sich darin, daß die Liebe „nichts Unschickliches tut". Der Ausdruck ist hier nicht „moralisierend". Er meint einen inneren Vorgang: die Feinheit und das Feingefühl des Liebenden. In der Liebe ist man kein Bengel, eben weil man vom Sein des geliebten Wesens derart ergriffen ist, daß man ihm gegenüber einfach höflich sein muß (aus einem inneren Drang heraus). Die Verwilderung der Liebe drückt sich sofort im Sinken der Umgangsformen aus. Die Liebe trägt aber etwas Adeliges in sich. Sie anerkennt das Gute im andern und läßt ihn fühlen, daß er geschätzt, hochge-

achtet wird. Sie mäßigt die dem Menschen ange-
borene Gewalttätigkeit, versucht, Unerfreuliches
fernzuhalten, damit kein Unheil und Leid entsteht. Diese Haltung besteht ganz einfach darin:
für die anderen das Leben möglich machen, pein-
liche Situationen ausgleichen, die innere Verletz-
lichkeit des anderen Wesens bedenken, also die
Würde der anderen Person in tätiger Haltung an-
erkennen. Daraus ergibt sich d i e Wesensbestim-
mung der Liebe: „S i e s u c h t n i c h t d e n
e i g e n e n V o r t e i l.“ Dies ist aber unendlich
schwer. In unser aller Leben bricht einmal der
Überdruß ein. Es ist so demütigend, der zu sein,
der man ist. Immer das Gleiche, immer diese
schwache Kümmerlichkeit der eigenen Existenz.
Da möchte man „vorankommen“, oft auf Kosten
des anderen. Man meint, von allen enttäuscht zu
sein und sich selbst zu entgleiten. Hier ist Gefahr,
und zwar eine wesentliche, das heißt das Wesen
der Liebe selbst bedrohende. Die Versuchung
nämlich, die anderen Menschen dafür zu gebrau-
chen, daß sie unser Selbst bestätigen, uns berei-
chern. Wie ist es überhaupt möglich, daß ein
Mensch diesen Drang überwindet? Hier sind wir
wiederum an der Grenze des Beschreibbaren angelangt. Die Antwort heißt, glaube ich: indem
man liebt. Das ist wohl das Geheimnis der Liebe,
das Nicht-mehr-Erforschbare der zuneigenden
Selbstloslösung. Darin besteht das Wesen der
Liebe, daß sie diese finstere Versuchung, die „die
Liebe im liebenden Menschen zu überwinden hat,
s p i e l e n d ü b e r w i n d e t“ (Karl Barth). Die
Liebe kann, indem sie liebt, einfach nicht sich
selbst suchen. Sie ist unfähig dazu. – Nun vollzieht der Gedankengang des Paulus wiederum
eine Wendung. Er beschreibt den Sieg der Liebe
im Alltag.   35

„Die Liebe läßt sich nicht erbittern, rechnet das
Böse nicht nach, freut sich nicht über das Unrecht.

Sie freut sich über die Wahrheit." Ein Wesens-charakteristikum der Liebe besteht in der „Gelöstheit". Darin, daß man des anderen Seins nicht überdrüssig wird, daß es uns nicht so leicht „auf die Nerven geht". Somit drängt die Liebe niemand von vornherein in die Haltung der Gegnerschaft. Sie überwindet also die „E r b i t t e r u n g " grundsätzlich. Diese Überwindung vollzieht sich zunächst darin, daß sie „d a s B ö s e nicht n a c h r e c h n e t ", daß sie kein „Dossier" über die Verfehlungen des andern führt, daß sie dem geliebten Du das Böse nicht nachträgt. Echte Liebe kann einfach nicht den geradezu perversen Satz aussprechen, den man so oft zu hören bekommt: „Ich habe dir verziehen, aber ich habe nichts vergessen." Das „Nachrechnen" kann selbst das geliebteste Wesen mit der Zeit zu einem Scheusal, zu einem „Ding", das man nicht mehr aushalten kann, verwandeln.

Es gehört zum Wesen der Liebe, daß sie nicht „rechnet", keine „Akten anlegt". Diese „gelöste Haltung" der Liebe hat nichts gemeinsam mit jener Einstellung, die „s i c h ü b e r d a s U n r e c h t f r e u t ", mit jener inneren Gemeinheit, die sich eine Genugtuung daraus verschafft, daß der andere einen Fehltritt begangen hat, daß ihm etwas nicht gelang, daß er sich (endlich einmal) richtig „blamiert" hat. In einem Leben, das sich über das Unrecht freut, bricht das Eigentliche der Liebe zusammen. Von da aus ist nur ein ganz kleiner Schritt zum Hochmut, zum ungeheuren Satz, den der Mensch vor seinem Gott (der sich für uns kreuzigen und verschmähen ließ) zu sagen wagt: „Herr, ich danke dir, daß ich nicht so bin wie die andern Menschen, wie diese Räuber, Betrüger, Ehebrecher oder auch wie dieser Zöllner." Dagegen heißt es bei Paulus von dem Liebenden, daß er „s i c h ü b e r d i e W a h r h e i t f r e u t ". Es ist eine Freude am Lichthaften der anderen Existenz. Ein tiefstes Wohlwollen. Ich freue mich, daß der andere einen höheren Grad des Bewußtseins, der Freiheit (vielleicht auch des Erfolgs), der Selbstlosigkeit und der Hingabe erreicht hat. Es ist jene Haltung, in der Gott seit der ersten Erschaffung der Welt bis in die Ewigkeiten hinein uns gegenübersteht, und die Johannes mit einfachen Worten, die aber das Wesen des Christentums ausdrücken, definiert hat: „Gott ist größer als unser Herz" (1 Joh 3,20). Über das Schöne und Verehrungswürdige im andern sich zu freuen, das ist eine der größten Taten der selbstlosen Liebe.

Die reif gewordene Liebe

Die Forderung, die Paulus bis jetzt ausgesprochen hat, ist dermaßen hoch und überwältigend, daß der Apostel sich plötzlich bewußt wird, daß diese Liebe (deren Bild er eben entworfen hat) menschlich unerreichbar ist. Wir müssen Geduld mit uns selbst haben. Wenn wir lieben wollen, müssen wir stets neu beginnen, in stets neuer Initiative und Freiheit, im Aushalten und Durchhalten dessen, was uns noch zu leisten bleibt und worin wir immer wieder versagen. In vier Ansätzen deutet nun Paulus diesen Reifungsprozeß der Liebe an. Echtes Wachstum vollzieht sich immer langsam. *„Die Liebe erträgt alles. Sie glaubt alles. Sie hofft alles. Sie überdauert alles."* Zunächst tauchen vier einfache Begriffe auf. „E r t r a g e n", „G l a u b e n", „H o f f e n" und „Ü b e r d a u e r n". Wie oft wird man, gerade indem man liebt, ausgenützt. Man ist wehrlos, verliert gleichsam sein eigenes Selbstsein, empfindet sich als Spielzeug. Der andere macht sich vielleicht die Liebe zu leicht. Diese Enttäuschung des Nicht-erwidert-Werdens muß die Liebe ertragen", sie im Glauben und in der Hoffnung überdauern. Oft ist man so müde; man möchte einfach aufhören. Man erträgt das Scheitern der Liebesbemühung einfach nicht. Man glaubt dem andern nicht mehr, weil man fühlt (vielleicht hat man gute Beweise), daß man betrogen wird. Man hofft nicht mehr auf eine wirkliche Änderung. Diese Liebe kann doch nicht überdauern! Aber wir müssen, wenn wir ehrlich sind, die Sache auch von der anderen Seite her betrachten. Freilich gibt es Situationen, in denen man erkennt, daß die vermeintliche Liebe nicht zum Mitsein geworden ist. Dann sollte man die Finger davon lassen. Wenn man aber eine vielleicht schmerzhafte Bindung eingegangen ist, dann gibt es nur Ertragen, Glauben, Hoffen und Überdauern. Was würde aus unserer Welt, wenn niemand mehr bei einem Du ausharren könnte? Mit diesen vier Eigenschaften der „reifen Liebe" beschreibt Paulus im Grunde nur die einzige Grundhaltung: Ich mache dem andern durch meine selbstlose Liebe möglich, daß er auch lieben kann; ich lasse es ihn spüren, wenn ich bei ihm und mit ihm bin, daß er in mir ganz geborgen ist, ganz der sein kann, der er ist oder sein möchte; daß mein Wesen ihn nicht einengt; daß ich ihm nicht zum Vorwurf mache, was er ist; daß ich in ihm denjenigen sehe, der er werden soll. Vielleicht erwachen in ihm – wohl nicht auf einmal, sondern im Laufe der ihm anhaltend zuströmenden Liebe – neue Möglichkeiten. Somit erwecke ich ihn zu seiner menschlichen Eigentlichkeit.

„Die Liebe hört niemals auf. Prophetenreden: sie werden aufgehoben werden. Sprachengaben der Entrückung: sie werden aufhören. Erkenntnis: sie wird nicht mehr gelten." Paulus kehrt hier zu seinem ursprünglichen Anfangsgedanken – aber wie in einer Spirale, auf einem höheren Niveau – zurück. Was wir am Ende unseres Lebens in den Händen halten, das sind nicht unsere Leistungen und Begabungen. Was unsere wirkliche, ewig dauernde Existenz aufbaut, ist eben dieses Ertra-

gen der Last der Liebe, sonst nichts. Alles, was wir erkannt haben, alles, was uns so innerlich erschüttert hat, alles, was wir ausdrücken und formulieren konnten (das heißt die ganze Sphäre unseres Weltbeherrschens, unserer Weltbemeisterung, der ganze Bereich unserer „Leistungen"), wird einmal untergehen in einer Verwandlung. Nur die Liebe hat r a d i k a l e U n v e r w a n - d e l b a r k e i t. Sie allein nehmen wir ungebrochen in die ewige Vollendung hinein. Die Liebe ist die Gegenwart der bereits erfüllten Verheißung. Dies kommt bei Paulus in dem alle unsere „Erfolge" relativierenden Satz noch mehr zum Ausdruck:

„Denn Stückwerk ist unser Erkennen und Stückwerk unser Reden aus Eingebung. Wenn aber das Vollkommene kommt, wird das Stückwerk ein Ende haben." Wir können in unserem Leben nichts wirklich vollenden. Die Sehnsucht, die Ahnung, das Wollen greifen immer voraus; die Verwirklichung bleibt immer zurück. Wirklichen Bestand hat nur die Liebe. Alles andere kann nur als „Stückwerk" vollzogen werden. Was einem noch vor Jahren oder sogar vor Monaten so einleuchtend, so selbstverständlich erschien, erweist sich plötzlich als kümmerlich und nichtssagend. Nicht einfach „wertlos", aber eben nur „Stückwerk". Freilich vollzieht sich in einem ehrlich gelebten Dasein ein Tieferwerden. Es überkommt uns die Sehnsucht nach Stillwerden, nach Innehalten, nach Sammlung. Dieses Stillwerden muß man aber lernen. Sonst verkümmert etwas in uns; sonst bleiben wir im Getriebe der bruchstückhaften Gedanken, der Unruhe des Begehrens und der Ängste. Man muß das ruhige Verweilen bei einer ernsten Frage, bei einem wichtigen Gedanken einüben. Erst dann entsteht wirkliche Innerlichkeit und Tiefe. Wenn und indem aus dem Schweigen eine Lebensform geworden ist, bricht aus der Existenz

etwas hervor, das Weisheit, stilles Verstehen heißt oder einfach Liebe.

Diese aber bleibt. Echte Einheit des Lebens, das Zusammenhalten der Unterschiede, der Trennungen, der Widersprüche und der Gegensätze, die unser Denken und unsere Sprache erschweren, ja das Einswerden mit den Freunden, mit der Natur und auch mit seinem eigenen Leben, das alles kann nur die Liebe vollziehen. Sonst bleiben wir selber ein „Stückwerk": fremde Wesen in einer fremden Welt. Deshalb heißt es bei Paulus:

„Als ich ein Kind war, redete ich wie ein Kind, dachte ich wie ein Kind, urteilte ich wie ein Kind. Als ich aber Mann geworden, habe ich das Kindische abgelegt." Paulus wendet sich hier nicht gegen jenes Große, das in den Evangelien gepriesen wird, gegen die Kindlichkeit; also nicht gegen jene Einfachheit und Unmittelbarkeit des Gemüts, gegen die Fähigkeit des absichtslosen Inneseins und Innewerdens die sehr edle und nur schwer erwerbbare Eigenschaften menschlicher Eigentlichkeit sind.

Er spricht aber gegen jenes „Kindische", das nicht reifen will, das ständig an dem Vorläufigen haften bleibt. Ein Kind nennen wir „kindlich", einen Erwachsenen aber, der sich durch das Leben „hindurchspielt", der sich nicht zum Ernst der *Verpflichtung und der Aufgabe durchringen kann*, „kindisch". Gerade dieses Unverantwortlich-Kindische des Denkens, Redens und des Urteilens versperrt uns den Weg zur eigentlichen Liebe. Denn Liebe bringt, wie vorhin angedeutet, eine eigentümliche Schwere, ja oft eine bedrohliche Not in die Existenz. In der Liebe muß man „durchhalten". Mit ihr kann man nicht spielen oder verantwortungslos umgehen. Indem wir uns der Sorge, dem Ernst, dem Verbrauchenden der Liebe aussetzen, reift unser Dasein zum Wesenhaften. So und nur in dem Maße geschieht „Geburt" in unserer Existenz. Auf welche Zukunft hin ist aber diese sich in der Liebe vollziehende Geburt des Menschen ausgerichtet?

Zukunft der Liebe

Worin besteht die Verheißung der in der Liebe reif gewordenen Existenz? Der Apostel spricht sie in drei Sätzen aus.

„Jetzt sehen wir im Spiegel rätselhaft, dann aber von Angesicht zu Angesicht." Paulus spricht von unserem „bruchstückhaften" Sehen, das – wie es in allen Spiegeln geschieht – immer „verkehrt" ist (spiegelverkehrt) und das auch (es handelt sich ja um einen antiken Spiegel, der nichts anderes als ein feinpoliertes Metall war) die Züge verschwommen widergibt. Wir erleben das Eigentliche in Anschauungen und Begriffen; es ist noch nicht als Erfahrung von Du zu Du gegeben. Im Grunde erfahren wir fast alles „verkehrt": Gott ist uns ganz nahe, und wir denken ihn „fern"; Gott ist fern, und wir denken ihn ganz „nah". Diese Existenzweise wird ganzheitlich umgeformt werden. Gott wird uns radikal zum Du: „von Angesicht zu Angesicht"; direkt, unmittelbar, im gegenseitigen Schauen und Berühren. In dem Maße, als ich liebe, wird zwischen mir und Gott sich jenes ereignen, wovon die Freunde und Liebenden in höchsten Augenblicken ihres Innewerdens eine ferne Ahnung bekommen: Ich bin Du und Du bist ich. Die Liebe entfaltet sich in eine absolute Vollendbarkeit.

„Jetzt erkenne ich im Stückwerk, dann aber werde ich erkennen, wie ich erkannt werde." In diesem unscheinbaren Satz ist die ganze Fülle der Verheißung unserer irdischen Liebe enthalten. Wir werden Gott erkennen, so wie er uns erkennt. Das heißt: Wir gehen ein in die Unmittelbarkeit seines Schauens und seiner Gegenwart. W i r b l e i b e n z w a r G e s c h ö p f e ; aber mit allen

Fasern unserer Existenz werden wir Gott so verstehen, wie er uns versteht. Dies bedeutet im Grunde: W i r w e r d e n z u G o t t. Die Grunddynamik meiner irdischen Existenz entfaltet sich in ein Hineinschreiten, in ein Hineinwachsen ins Absolute.

„Nun aber: Glaube, Hoffnung und Liebe, diese drei bleiben. Das Größte von ihnen ist aber die Liebe." Auch in diesem ewigen Gegenüber bleiben Glaube und Hoffnung bewahrt. Freilich ganz in eine unmittelbare Beziehung zu Gott umgewandelt, ins Schauen aufgehoben, aber dennoch wirklich. Glaube bleibt: ein ständiges Gegenüberstehen und Liebend-Empfangen; Hoffnung bleibt: ein noch mehr Empfangen-Können und Empfangen-Wollen von der ewigen Liebe. Diese zwei müssen wohl ihre irdische „Gestalt" wandeln. Sie werden sich nicht in der irdischen Dunkelheit und im Umherirren vollziehen, sondern als ein leuchtendes, glühendes, immer mehr beglückendes Hineinwachsen in einen „immer wachsenden" Gott. So interpretiert Irenäus von Lyon diese Stelle bei Paulus: „Gott muß immer der größere sein. Und dies nicht nur in dieser Welt, sondern auch in der Ewigkeit. So bleibt Gott immer der Lehrende und der Mensch immer der Lernende. Sagt doch der Apostel, daß, wenn alles übrige untergegangen sein wird, diese drei allein noch bestehen: Glaube, Hoffnung und Liebe. Denn immerdar bleibt unerschütterlich unser Glaube zu unserem Lehrer, und wir dürfen daraufhin hoffen, wieder etwas mehr von Gott geschenkt zu bekommen . . . Eben weil er der Gute ist und unausschöpfbaren Reichtum besitzt und ein Reich ohne Ende."

Die Liebe aber ist das Größte! Warum? Weil sie, und nur sie, ohne Gestaltwandel hineingehen kann in die Vollendung. Unser Glaube und unsere Hoffnung gehören noch zum „Bruchstückhaften"; sie bleiben ewig, müssen aber eine wesenhaft neue Form erhalten: die Gestalt des sicheren, ruhigen, aber (weil Gott unendlich ist) ewigen Hineinschreitens in Gott. Einzig die Liebe bleibt so, wie sie ist (wenn und indem sie wirklich Liebe ist). Das bedeutet aber, daß sie bereits jetzt als endgültige Vorwegnahme des Endgültigen gedeutet werden kann und muß. Gegenwart des Himmels in unserem irdischen Leben. Gegenwart des Endgültigen in unserer gebrechlichen Existenz. Das ist die Liebe.